Panégyrique

DE

SAINT DOMINIQUE

prêché le 4 août 1894

dans la

CHAPELLE DU COLLÈGE DES MISSIONS DOMINICAINES

A CORBARA (Corse)

MARSEILLE

IMPRIMERIE MARSEILLAISE

Rue Sainte, 36

1894

Panégyrique

DE

SAINT DOMINIQUE

prêché le 4 août 1894

dans la

CHAPELLE DU COLLÈGE DES MISSIONS DOMINICAINES

A CORBARA (CORSE)

MARSEILLE

IMPRIMERIE MARSEILLAISE

Rue Sainte, 39

—

1894

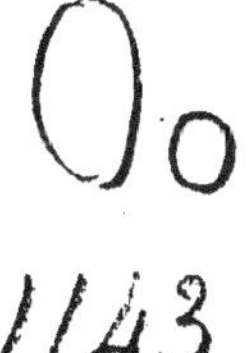

PANÉGYRIQUE

DE

SAINT DOMINIQUE

Qui ad justitiam erudiunt multos,
quasi stellæ in perpetuas æternitates.

« Ceux qui enseignent à la multi-
« tude la voie de la justice, brilleront
« comme des étoiles dans l'éternité. »

(*Au livre de Daniel*, chap. XIII, v. 5.)

Mes vénérés Pères,

Mes bien chers Frères,

Rome célébrait naguère une fête triomphale. Les clo-
ches de Saint-Pierre jetaient aux échos des sept collines
et semblaient envoyer au monde entier leurs notes joyeu-
ses. Dans une salle étincelante de lumières se dressaient des
autels renfermant les restes de nobles religieux. Le Pontife
suprême abaissait devant eux la majesté du sacerdoce
et leur présentait les premiers vœux de la chrétienté.
Quand il eut longtemps prié, Léon XIII, s'adressant à
l'auguste assemblée : « Encore un jour radieux, dit-il, en-
« core un beau jour et pour l'Eglise et pour saint Dominique ! »

La parole du Vicaire de Jésus-Christ nommait les Dominicains martyrs de la foi, les désignait à la vénération publique. Mille voix redisaient aussitôt la gloire du fondateur de l'ordre des Frères Prêcheurs ; la louange, la reconnaissance montaient de toutes parts vers celui qui s'était incliné vers les âmes pour les instruire et les sanctifier ; tour à tour, l'éloquence, la poésie, la religion exaltaient ses grandeurs, chantaient son œuvre immortelle ; son culte universel, ce culte que vos cœurs aiment tant à professer, mes bien chers Frères, montrait le merveilleux accomplissement de l'oracle du Saint-Esprit : « *Qui ad justitiam erudiunt multos, quasi stellæ in perpetuas æternitates.* Ceux qui enseignent à la multitude le chemin de la justice brilleront comme des astres éternels. »

Oui, l'étoile parue au firmament de l'Eglise est devenue le phare lumineux qui guide les voyageurs dans les obscurités de l'épreuve, dans les agitations de la tempête. Du tombeau de saint Dominique s'échappe un parfum suave qui remplit les siècles ; ses ossements prophétisent, pour parler le langage des saintes Écritures ; il survit plus que jamais dans cette famille héritière de sa foi, de son amour, chargée de les perpétuer à travers les âges ; il survit en vous, mes vénérés Pères, il survit dans votre parole, dans vos travaux, dans votre enseignement. Son nom béni réveille partout les grandes idées de la perfection évangélique, rappelle le juste dont la vie se mesure sur la volonté du Seigneur.

Devant retracer les diverses phases de cette existence si simple et si sublime, j'ai étudié, mes bien chers Frères, les vertus qui avaient servi de base à la conduite, de mobile aux actions de saint Dominique ; la profondeur de son humilité, l'ardeur de sa charité, la patience dans l'affliction, la docilité dans l'obéissance, tout m'a frappé, saisi, transporté, au point que j'ai vu briller sur son front tous les rayons de la sainteté.

Mes Frères, pour nourrir notre dévotion en ce jour d'allégresse, ne convient-il pas de parcourir le livre de sa vie,

de contempler ce chef-d'œuvre du Tout-Puissant ?...
Ouvrant les oreilles du cœur, nous entendrons les enseignements de l'Eglise ; nous considérerons en premier lieu *les moyens dont le Seigneur s'est servi pour susciter la mission de saint Dominique ;* nous apprécierons ensuite *sa fidélité à la Providence, sa coopération à l'action divine.*

Mes vénérés Pères, vous avez daigné me confier l'honneur d'exalter l'illustre Patriarche, d'offrir aux regards de la piété l'apôtre dont la gloire illumine cette touchante fête. En appelant un enfant de la Balagne, vous l'autorisiez à confondre ses sentiments avec ceux d'une province qui, possédant la mémoire du cœur, apprécie votre sagesse, honore votre science, sait donner le plus vif éclat à vos cérémonies ; en désignant un membre du Tiers Ordre, vous l'invitiez à célébrer les privilèges reçus, à dire les consolations de son âme heureuse d'avoir souhaité la bienvenue au Révérendissime Père, au Maître général reflétant sur son visage les vertus de saint Dominique, chantant les bienfaits de la croix, acclamant l'héroïne de la France sur un sol éminemment religieux et patriotique.

Qu'il vous plaise de recevoir l'hommage et de mon dévouement et de ma gratitude.

Avant de commencer, mes Frères, invoquons le secours de la Vierge immaculée que Dominique avait choisie pour sa patronne spéciale ; prions Marie de nous bénir, de nous inspirer des accents dignes de son dévot serviteur. *Ave Maria...*

I

Et d'abord, Dieu parle au cœur de saint Dominique par des voix puissantes qui lui révèlent sa mission sublime.

C'était au douzième siècle. L'étendard de la croix flottait à Jérusalem sur le tombeau du Sauveur des hommes ;

s'échappant de la rude enveloppe où les mœurs antiques l'avaient tenu comprimé, le génie chrétien prenait son essor ; les flèches de nos cathédrales, symbole de la prière, s'élançaient vers le ciel ; la foi et la raison, fortement unies, gouvernaient l'Europe ; au faîte de l'ordre social était assis le Pontife souverain ; Innocent III dominait les nations, poussait les générations dans les voies de la justice, de la perfection.

Cette époque, hélas ! n'acheva pas sa course comme elle l'avait commencée. Satan ne tarda pas à semer l'ivraie dans le champ du Seigneur ; on distingua à l'horizon des nuages précurseurs de la tempête. Fortifiés par le mauvais état de la discipline ecclésiastique et par la résurrection des sciences païennes, le schisme et l'hérésie vinrent ébranler en Occident l'œuvre du Rédempteur, pendant que la triste issue des croisades achevant sa ruine en Orient ouvrait aux barbares les portes de la chrétienté. Les Manichéens, qui jusqu'alors avaient formé une société secrète, s'abattirent, comme une lèpre hideuse, sur le beau pays de France. Le péril était immense, et l'on se trouvait impuissant à le conjurer. Jésus-Christ, selon la parole du Père Lacordaire, Jésus-Christ regarda alors ses pieds et ses mains percés pour nous, et de ce regard d'amour naquit saint Dominique.

Le glorieux patriarche fut chargé du soin de relever l'Eglise, d'abattre toute la secte des hérétiques, de prêcher par la parole et par l'exemple, de répandre sur les peuples les bienfaits de la foi et de la civilisation.

Et voilà que l'auteur de tout don le prépare à son apostolat par une enfance pure comme un rayon de soleil, par une jeunesse qui s'épanouit comme un lis à l'ombre de l'autel. Dès cette aurore de la vie où la lumière de la vérité perce les ténèbres dont l'intelligence est enveloppée, l'amour se tient près de Dominique, veille à l'entrée de son existence. De nobles parents lui sont donnés ; les descendants d'une famille illustre par des alliances royales et par les exploits du Cid lui apprennent qu'il est plus glorieux de servir le Seigneur que les hommes, que la vertu est préférable aux honneurs, qu'il est inutile de gagner l'univers, si l'on vient à perdre son âme.

Aucun plaisir bruyant ne le dissipe ; aucune parole mondaine ne ternit la pureté de sa pensée, n'alarme sa foi ; la grâce le détache insensiblement des biens de la terre, lui indique le but de la course, le repos après le labeur, la palme après le combat, la joie éternelle pour prix d'une douleur passagère ; elle le passionne par un ouvrage où le jeune Guzman découvre merveilleusement les rapports qui existent entre les élus et le Créateur, approfondit le dévouement, l'abnégation des serviteurs de Dieu. Le récit des travaux, des sacrifices des saints, le transporte, l'enflamme, et bientôt son âme est prête à recevoir cette première visite de Jésus-Hostie qui l'embaume et la vivifie.

Le but élevé que le bon Maître lui propose d'atteindre augmente son ardeur dans le travail, dans la piété ; ses généreux efforts captivent l'attention d'un oncle distingué qui seconde l'action de la Providence. L'archiprêtre Gumiel d'Izan révèle à son digne neveu les privilèges du sacerdoce catholique. Dominique entrevoit le rôle de l'homme spirituel unissant les âmes à Dieu, les nourrissant de la vérité révélée, les soutenant dans leurs luttes, les consolant dans leurs douleurs ; il salue la dignité de celui qui, en abdiquant la paternité du sang et la possession de la terre, devient le père d'une postérité nombreuse, le père des cœurs enfantés par la charité ; il bénit le prêtre plus fort que le diamant contre la puissance séductrice ou orgueilleuse, plus faible qu'une mère en présence de la supplication ou de la souffrance.

Tandis que Dominique grandit en âge et en sagesse, tandis que, nouveau Samuel, il reçoit et goûte les leçons de l'Eglise, le Seigneur le conduit à l'Université de Palencia ; l'école florissante du royaume de Léon doit compléter cette préparation où la pureté de la jeunesse, mêle ses charmes à l'austérité de la vie. Que j'aime, mes Frères, que j'aime à me représenter le noble étudiant captivant ses sens sous l'empire de la raison, se dégageant des liens qui l'attachent au monde ! Elevé au-dessus des choses sensibles, il vit d'une vie surnaturelle, il ne recherche que la sagesse d'en haut ; il n'a soif que de la science du divin Crucifié. Dieu est l'objet constant de ses pensées, Dieu, le but suprême de ses désirs, Dieu, la seule aspiration de son cœur. Appliqué a la contemplation de l'éternelle vérité, il en saisit les traits lumineux, et les riches idées qu'il en conçoit se gravent aisément dans son intelligence. L'intérieur de son âme est ce miroir où le Seigneur se plaît à réfléchir les rayons de sa divinité, à faire briller la splendeur de sa gloire. Entretenant avec les esprits célestes une société divine, il se nourrit des solides espérances de la vie future, prépare, combine les moyens d'enfanter Notre Seigneur Jésus-Christ dans les cœurs.

La Providence, mes Frères, continue ses opérations admirables ; toujours délicate, toujours ingénieuse, elle place sur le chemin de Dominique un messager chargé de l'introduire dans les voies que sa main a tracées ; elle agrandit l'intelligence de son serviteur, ennoblit son âme, l'élève jusqu'à la hauteur de ses destinées éternelles, de sa mission surnaturelle. Un de ces évêques dont l'histoire a dit qu'ils font les nations, qu'ils les créent en dirigeant leur éducation, Martin de Bazan, conçoit les plus belles espérances du pieux Castillan ; il l'invite au nom de cette Epouse du Sauveur qui a animé l'éloquence de saint Paul, l'érudition de saint Jérôme, l'onction de saint Ambroise, la subtilité de saint Augustin, qui a mis une plume aux mains de saint Léon et de saint Grégoire, a fait une lyre des lèvres harmonieuses de saint Basile, une bouche d'or de la bouche de saint Jean Chrysostome.

Heureux de contribuer à la gloire du catholicisme, Martin de Bazan associe au grand œuvre Dom Diégo, à jamais renommé pour le génie, pour la beauté de la vie. Sous une telle direction, Dominique envisage l'état de la lutte du bien et du mal dans le monde, constate les plaies profondes faites à la société des âmes ; répondant aux appels de la grâce, il entre dans le chapitre d'Osma, y répand la bonne odeur des vertus évangéliques, se dévoue, s'immole pour le salut de ses frères... C'en est fait! L'Eglise compte un chevalier magnifique dans l'armée du bien, l'Espagne un grand homme, la France un bienfaiteur. Il est maintenant donné de comprendre les signes qui ont précédé la naissance de Dominique, d'admirer le flambeau merveilleux que vit en songe sa sainte mère, de saluer l'étoile radieuse qui illumina le front du prédestiné. Dieu appelle, veut Dominique à la consolidation de son Eglise, et, le front ceint des palmes théologiques, les mains humides de l'onction sacerdotale, le cœur inondé des grâces du Saint-Esprit, Dominique ira développer la foi des peuples, apprendra aux fidèles ces vérités supérieures qui constituent la règle, la force de la vie, retracera la noblesse de leur origine, leur inspirera l'amour du devoir, le courage du sacrifice, le respect de l'autorité, la pratique de la soumission ; il les entretiendra d'une vie future où Dieu sera leur récompense, cultivera en un mot les âmes et fortifiera les liens de la morale et de la religion. Dominique gouvernera les esprits par la science théologique, dominera les cœurs par la prédication apostolique. A sa voix, les vents des fausses doctrines se tairont, le calme se rétablira, la sainteté refleurira, la France que sa grandeur, sa générosité appelaient à devenir la patrie du magnanime Espagnol, reprendra son rang au milieu des nations.

Se peut-il une entreprise plus vaste, mes Frères, et, pour l'exécuter, le courage et le génie suffiront-ils ? La sainteté ne sera-t-elle pas nécessaire ? Oh ! saluez la généreuse fidélité de Dominique à la grâce ; saluez les merveilles enfantées par la charité dans l'âme du héros ; contemplons un instant les vertus qui immortalisent son nom !...

II

Rappelons-nous tous la ferveur de sa piété. Le jour ne suffit plus à sa prière ; les longues heures de la nuit le trouvent plongé dans la méditation des mystères d'un Dieu, dans la contemplation des mystères du Sauveur ; l'oraison, telle est son occupation favorite ; l'autel, telle sa plus douce joie. Entretiens sacrés, gémissements, soupirs profonds, larmes brûlantes, extases amoureuses, nul ne saurait vous dire, vous chanter !

Rappelons-nous cette foi qui transporte son âme, dirige ses pas dans le pénible sentier de la vie, imprime le mouvement à sa conduite. Marchant à la lumière des enseignements du bon Maître, Dominique n'envisage les créatures que dans leurs rapports avec Dieu, avec l'affaire importante du salut ; il puise constamment à cette source dont les eaux jaillissent jusqu'à l'éternité.

Rappelons-nous son héroïque patience, soit dans les épreuves de la maladie, soit dans cette persécution que suscite l'esprit du mal, soit dans les adversités qui le frappent. Méprisé par l'injustice, voué à la honte par la calomnie, Dominique endure tout avec un courage invincible. Sachant que l'âme qui a passé par le creuset de la douleur plane sur les sommets de la vie surnaturelle, persuadé que l'œuvre contrariée s'enracine profondément dans le sein de l'Eglise, il tombe aux pieds de la croix du Sauveur et se relève consolé.

L'enfant docile de la Providence affligera en même temps son corps par les veilles, les austérités de tous genres. N'a-t-il pas à cœur d'abriter cette fleur dont le parfum embaume le jardin de l'Eglise, dont la beauté réjouit les regards de Dieu et des anges, cette fleur qui s'appelle le lis de la pureté ? Saint Dominique comprend qu'on ne peut être vraiment chaste, si l'on ne travaille à s'affranchir de l'esclavage des sens ; aussi ne soyons point surpris, mes Frères, si le bois ou la pierre nue forme sa couche, si son

vêtement intérieur est le cilice qui déchire sa chair inno-
cente, si la nourriture la plus grossière constitue un rayon
de miel pour ses lèvres, si la tribulation le fait tressaillir
d'allégresse. Il appartient totalement à Jésus-Christ, il
porte en lui la mortification du Rédempteur.

Et maintenant, mes Frères, comment dépeindre l'atta-
chement de saint Dominique à cette vertu étrange pour le
siècle, effrayante pour le sensualisme et l'orgueil humains ?
Vous avez nommé la pauvreté. Désireux de donner à tous
ses frères un cœur qui ne tient au monde par aucun lien,
il renonce aux honneurs, aux possessions de la terre,
refuse des évêchés considérables, se dépouille de toute sa
fortune, et, de concert avec le séraphique François, il pro-
clame que la pauvreté est la voie du salut, le fondement
de la perfection, qu'elle constitue un principe de grandeur,
de force.

L'humilité, mes Frères, est la compagne inséparable de
la pauvreté ; aussi occupera-t-elle une place d'honneur
dans le cœur de saint Dominique. Quel empressement à
fuir les louanges ! Quelle joie à recevoir les injures, les
affronts ! Quelle retenue dans le maintien, le langage, la
démarche ! Quelle égalité d'âme ! En dépit de la naissance,
des plus nobles prérogatives, des dons les plus précieux,
il ne possède d'autre ambition que celle des abaissements
du Sauveur, d'autre grandeur que celle de la croix de
N.-S. Jésus-Christ ; il ne recherche d'autres jouissances
que celles de la confusion et de l'opprobre !

Succédant à l'humilité, l'obéissance sanctifiera les moin-
dres actes de Dominique, les ajustera aux pensées du
Créateur, les marquera du sceau divin. Se reposant alors
en Dieu, il n'aura plus à craindre les écueils dont est par-
semée la mer orageuse du monde, deviendra riche de tous
les biens.

Ce n'est pas tout encore. L'amant de Jésus-Christ vole
à la conquête des âmes que le bon Maître lui a confiées ;
il est dévoré par le zèle, cette douce flamme de la charité ;
de sa poitrine brûlante s'échappe sans cesse ce cri : « *Sitio !*

A moi, à moi les cœurs ! » Afin de gagner les hommes au Rédempteur, il se fait tout à tous ; nulle faiblesse qu'alors il ne soutienne, nul danger qu'il n'éloigne, nulle misère qu'il n'adoucisse. Etudiant à Palencia, le voyez-vous, mes Frères, s'émouvoir de compassion en face de l'infortune, vendre ses livres même pour soulager les déshérités du sort ? Le voyez-vous s'attendrir au récit des malheurs d'une pauvre femme, se disposer à remplacer le frère esclave chez les Maures ? Le voyez-vous sillonnant en tous sens cette terre désolée par l'erreur, ravagée par la guerre, déchirée par les dissensions, travaillant sans relâche à la ruine de l'hérésie des Albigeois, hérésie si contagieuse qu'elle avait envahi les plus riches provinces de la France, hérésie si pernicieuse qu'elle avait arraché à saint Bernard les lamentations les plus lugubres, hérésie si opiniâtre qu'elle avait résisté aux efforts des souverains pontifes, à l'action de plusieurs conciles ?

Un jour, après l'un de ces combats dont le nom est resté fameux dans les annales historiques, Dominique répand son âme devant le Tout-Puissant ; il demande qu'une goutte du sang précieux du Rédempteur tombe sur les cœurs endurcis ; ses pleurs ne coulent pas en vain ; ses supplications gravissent le trône de l'Eternel, et Marie lui est députée comme l'ange de la bonne nouvelle : « Sache, « mon fils, sache que l'adorable Trinité s'est servie d'un « moyen très salutaire pour le rachat de l'humanité, de la « Salutation angélique qui est le fondement du Nouveau « Testament. Veux-tu vaincre les rebelles ? Prêche mon « Rosaire. La parole descend vers les âmes et la prière « remonte vers Dieu !

Vous avez entendu, Dominique !... Le Ciel vous a choisi pour être le défenseur de sa cause, le champion de la vérité éternelle ; la Vierge immaculée vous a remis l'épée qui doit terrasser l'ennemi du christianisme. Allez, noble preux ! allez au nom de votre Dame ; avec le Rosaire, vous serez plus puissant que Montfort et ses braves, plus puissant que toute l'armée des croisés ; avec le Rosaire, vous illuminerez les esprits et vous toucherez les cœurs !...

Il sera inutile de dépeindre ici le succès de la prédication de Dominique, de décrire les prodiges éclatants qu'il opère au nom du Rosaire, de montrer les bienfaits dont il comble les peuples. Comme autrefois le Rédempteur, il rend l'ouïe aux sourds, la vue aux aveugles, la santé aux infirmes, la vie aux morts; la semence divine est jetée sur un sol toujours fertile ; les ténèbres se dissipent de toutes parts; le soleil de justice illumine le monde, les âmes égarées retrouvent le sentier de l'honneur; rentrent heureuses dans le giron de l'Eglise. Pourrait-on s'en étonner, mes Frères? Le Rosaire n'est-ce pas ce mot joyeux de l'amour qu'on ne se lasse pas de répéter? Ne forme-t-il pas le tableau le plus saisissant des merveilles de la religion ? n'est-il pas le mémorial de la Passion du doux Sauveur, le résumé de toutes les vertus de Marie ? Le Rosaire, n'est-ce pas la chaire d'où découlent les leçons les plus simples et les plus sublimes pour notre direction intérieure, pour notre acheminement vers le ciel ? N'est-ce pas tout le dogme, toute la morale de l'Evangile, d'après la parole infaillible du successeur de Pierre?

Voulant propager par toute la terre le don ineffable de Marie, Dominique appelle autour de lui les partisans de sa générosité ; il forme des religieux capables de marcher sur ses traces, établit un Ordre dont les membres portent au milieu des nations le nom et la langue bénis de France, en même temps que les parfums de l'amour divin et les richesses de l'enseignement sacré. C'est la famille des Frères Prêcheurs. Composée de chevaliers armés du glaive de l'apostolat pour la défense des droits de l'Eglise, elle tend à grandir, à se dilater comme la charité qui l'a conçue ; elle se perpétue à travers les siècles qui s'inclinent devant elle, elle dit la gloire de son fondateur. De même que leurs digne Père, les Enfants de Dominique méritent et de l'Eglise et de la patrie ; partout ils se montrent les puissants auxiliaires du sacerdoce catholique, travaillent à la régénération de la société, passent en faisant le bien.

Quelle beauté, mes Frères, dans ce génie écrivant l'épopée sublime où la science de la foi confine avec l'intuition des anges ! Quelle grandeur dans l'âme d'un Vincent Ferrier étonnant le monde par le nombre de ses miracles, la splendeur de ses vertus ! Quelle noblesse dans les Catherine de Sienne, les Rose de Lima, guidant les phalanges virginales qui accompagnent l'Agneau sans tache ! Quelles merveilles dans le pinceau du Bienheureux Angélique de Fiésole ! Quelle générosité dans ces héros ne craignant pas de sceller de leur sang la foi qu'ils annoncent aux peuples plongés dans les ténèbres de l'idolâtrie !... L'histoire ne montre-t-elle pas le triomphe des Dominicains sur la chaire de Pierre ? Ne parle-t-elle pas de leur illustration dans la pourpre romaine, témoin le cardinal Zigliara, que l'île renommée compte au nombre de ses plus glorieux enfants, que Sa Sainteté Léon XIII honorait d'une estime particulière pour sa piété, pour ses travaux philosophiques, sa connaissance approfondie des œuvres de saint Thomas d'Aquin, surnommé l'Ange de l'École et proclamé par le pape immortel le Docteur de toutes les Facultés catholiques ?...

Une telle œuvre, mes bien chers Frères, élève jusqu'aux nues le catholicisme ; Rome l'approuve, la confirme ; Dominique qu'Innocent III voit soutenir les murailles chancelantes de la basilique de Latran, Dominique qui rencontre dans la Ville éternelle cet homme également suscité par Dieu pour arrêter la décadence de l'Eglise et manifester à l'univers les trésors de l'amour divin, qui donne au séraphique François le baiser transmis de génération sur les lèvres de l'illustre postérité, Dominique qui fonde partout des couvents, établit Notre-Dame de Prouille et la milice de Jésus-Christ devenue plus tard le Tiers Ordre, Dominique se trouve satisfait. Déjà il soupire après la palme promise aux vainqueurs ; il salue dans la mort qui approche le jour radieux qui se lève, la félicité qui commence. De même qu'une flamme monte vers le lieu de son centre, ainsi cette âme s'élance vers son Dieu; comme un fruit mûr se détache sans effort de la branche de l'olivier, ainsi le souffle de l'amour cueille cette vie dès longtemps mûre pour le ciel. Qui dira, mes Frères, qui dira la douceur de ses derniers entretiens avec Notre-Seigneur? Quelques échos lointains en sont parvenus jusqu'à nous. « Quel bonheur, s'écrie-t-il, quel bonheur de vivre dans « le cœur de Jésus, d'exécuter les volontés du bon Maî- « tre! » — Puis, s'adressant à ses vénérés disciples: « Aimez, aimez l'amour. Demeurez toujours fidèles à la « pauvreté, à l'humilité, à la foi de l'Eglise romaine. » — Il reçoit son Dieu de la manière dont il célébrait les saints mystères, avec l'ardeur d'un séraphin; il s'associe aux prières de la recommandation de l'âme; et, bien moins consumé par la maladie que par les feux de l'amour, il s'endort du sommeil des justes. En attendant, le ciel s'ouvre et on reconnaît la voix du Rédempteur qui l'appelle, orne son front de la couronne d'immortalité. Tandis que l'âme de saint Dominique entrait dans la gloire, le corps restait exposé à la vénération des fidèles; tous se plaisaient à contempler les restes mortels du vaillant athlète qui avait combattu les bons combats, avait oublié le temps pour ne songer qu'à l'éternité. Les religieux accouraient se ranger autour de cette dépouille qui exhalait une odeur suave, regardaient amoureusement le père qui les avait entourés de l'affection la plus tendre; les pauvres acclamaient celui des mains duquel l'aumône avait coulé intarissable, et, ô privilège indicible des saints! ces reliques parlent encore; sans attendre l'heure solennelle de la résurrection, elles respirent un parfum de vie; semences fécondes de vertus, elles germent et fleurissent; source inépuisable de grâces, elles répandent sur le monde l'abondance des divines bénédictions...

Mes Frères, nous venons d'esquisser à grands traits le tableau de la vie de saint Dominique; nous avons vu la

Providence préparer, former le fondateur de l'Ordre des Frères Prêcheurs ; nous avons étudié ses vertus, admiré sa coopération à l'action divine. Ne cessons pas d'envisager la perfection du modèle peint à nos regards ; aimons surtout à le copier. Ne sommes-nous pas les enfants des saints ? *Et nos quoque filii sanctorum sumus.* N'aspirons-nous pas tous au même héritage ? Forts de la même grâce, ne devons-nous pas nous distinguer par notre générosité au service du Seigneur ?...

A nous donc les vertus de saint Dominique ; à nous son dévouement, son humilité, son obéissance, son abnégation ; courage en même temps, mes biens chers Frères, courage dans votre zèle à soutenir l'œuvre de saint Dominique, dans votre fidélité à la récitation du saint Rosaire !... Du haut des cieux, le glorieux patriarche vous bénit et vous protège ! L'étoile qu'il a laissée pour guide est le symbole de l'astre invisible qui éclaire les âmes sur la mer orageuse du monde ; il est l'emblème de la foi et de l'espérance, Courage et confiance, mes Frères.

Je termine par la noble exhortation du Père Lacordaire : « Prions le Père des miséricordes afin qu'aidés de cet « esprit qui gouverne les enfants de Dieu et marchant sur « les traces de nos glorieux ancêtres, nous arrivions, par « le chemin le plus direct, à l'éternelle patrie où le Bienheureux Dominique nous a précédés ! »
Amen.

L. J. C.

Marseille. — Imprimerie Marseillaise, rue Sainte, 39.